Der Spiegel des Cyprianus

AF529983

Theodor Storm

Alpha Editions

This edition published in 2022

ISBN : 9789356903289

Design and Setting By
Alpha Editions
www.alphaedis.com
Email - info@alphaedis.com

As per information held with us this book is in Public Domain.
This book is a reproduction of an important historical work. Alpha Editions uses the best technology to reproduce historical work in the same manner it was first published to preserve its original nature. Any marks or number seen are left intentionally to preserve its true form.

Der Spiegel des Cyprianus

Theodor Storm

Das Grafenschloß—eigentlich war es eine Burg—lag frei auf der Höhe; uralte Föhren und Eichen ragten mit ihren Wipfeln aus der Tiefe; und über ihnen und den Wäldem und Wiesen, die sich unterhalb des Berges ausbreiteten, lag der Sonnenglanz des Frühlings. Drinnen aber waltete Trauer; denn das einzige Söhnlein des Grafen war von unerklärlichem Siechtum befallen; und die vornehmsten Ärzte, die herbeigerufen wurden, vermochten den Ursprung des Übels nicht zu erkennen.

Im verhangenen Gemache lag der Knabe schlafend mit blutlosem Antlitz. Zwei Frauen saßen je zu einer Seite des Bettes, mit dem gespannten Blick der Sorge ihn betrachtend; die eine alt, in der Kleidung einer vornehmeren Dienerin, die andere, unverkennbar die Dame des Hauses, fast jung noch, aber die Spuren vergangenen Leides in dem blassen, gütevollen Angesicht.

In den schönsten Tagen ihrer Jugend hatte der Graf um sie, das wenig begüterte Fräulein, geworben; aber da schon nichts mehr fehlte als das ausgesprochene Wort, hatte er sich abgewandt. Eine reiche, schöne Dame, die dem armen Fräulein dem stattlichen Gemahl und dessen Herrschaft neidete, hatte den leichtblütigen Mann in ihrem Liebesnetz verstrickt; und während diese als Herrin in das Grafenschloß einzog, blieb die Verlassene in dem Witwenstübchen ihrer Mutter.

Aber das Glück der jungen Gräfin hatte keinen Bestand. Als sie nach Jahresfrist dem kleinen Kuno das Leben gegeben, wurde sie von einem bösen Kindbettfieber hingerafft; und als wiederum ein Jahr vorbei war, da wußte der Graf für sein verwaistes Söhnlein keine bessere Mutterhand als die, welche er einst verschmäht hatte. Und sie mit ihrem stillen Herzen vergab ihm alle Kränkung und wurde jetzt sein Weib.

So saß sie nun sorgend und wachend bei dem Kind ihrer einstigen Nebenbuhlerin.

"Er schläft jetzt ruhig", sagte die Alte; "Frau Gräfin sollten auch ein wenig ruhen."

"Nicht doch, Amme", erwiderte die sanfte Frau; "ich bedarf's noch nicht; ich sitze hier ja gut in meinem weichen Sessel."

"Aber die vielen Nächte durch! Es ist doch nimmer ein Schlaf, wenn der Mensch nicht aus den Kleidern kommt." Und nach einer Weile setzte sie hinzu: "Es hat nicht immer solche Stiefmütter gegeben hier im Schloß."

"Du mußt mich nicht so loben, Amme!"

"Kennt Ihr denn nicht die Geschichte von dem Spiegel des Cyprianus?" sagte wiederum die Alte; und als die Gräfin es verneinte, fuhr sie fort: "So will ich sie Euch erzählen; es hilft die Gedanken zerstreuen. Und seht nur, wie das Kind schläft, der Atem geht ganz ruhig aus dem kleinen Mund! —Nehmt noch dies Kissen unterm Kreuz, und nun die Füßchen auf den Schemel hier!—Und nun wartet ein Weilchen, daß ich mich recht besinne."

Dann, als die Gräfin sich in die Kissen gesetzt und ihr freundlich zugenickt hatte, begann die erfahrene Dienerin des Hauses ihre Erzählung:

"Vor über hundert Jahren hat einmal eine Gräfin in diesem Schloß gelebt; die ist von allen Leuten nur die gute Gräfin genannt worden. Der Name hat auch rechtgehabt; denn sie ist demütig in ihrem Herzen gewesen und hat die Armen und Niedrigen nicht gering geachtet. Aber eine frohe Gräfin ist sie nicht gewesen. Wenn sie unten im Dorf hilfebringend in die Wohnungen der Käthner gegangen, so hat sie mit Leid auf die Häuflein der Kinder geblickt, die ihr oft den Eingang in die niedrigen Türen versperrten, und dabei gedacht: 'Was gäbst du nicht hin um ein einziges solcher pausbäckiger Englein!' Denn schon zehn Jahre lebte sie mit ihrem Gemahl; aber ihre Ehe blieb ungesegnet; auch war ihr nicht, wie Euer Gnaden, ein mutterlos Kind vom Herrgott in den Arm gelegt, dem sie den Schatz ihrer Liebe hätte schenken können. Der Graf, sonst ein gerechter Mann und der guten Gräfin in Treue zugetan, hatte begonnen mitunter finster drein zu sehen, daß ihm der Erbe seiner großen Herrschaft noch immer nicht geboren wurde.—Du lieber Gott!"—unterbrach sich die Erzählerin—"den Reichen fehlt's; und die Armen wünschen oft vergebens, daß sie von ihrem Häuflein ein Englein oder zwei im Himmel hätten, die droben für sie beten könnten."

"Erzähle weiter!" bat ihre Herrin; und die Alte fuhr fort:

Es ist in der letzten Zeit des großen Krieges gewesen, und das Schloß hier noch oft von Feindes und Freundes Truppen überzogen worden, da hat es sich eines Tages begeben, daß ein alter Arzt, der mit den Schweden ins Land gekommen, bei einem Gefecht, dort hinten an dem Wald, von einer kaiserlichen Kugel verwundet worden, während er des Ausgangs harrend bei seinen Theriatskasten Wache hielt. Der Mann, welcher Cyprianus geheißen, ist hier ins Schloß getragen und, obwohl die Herrschaft gut kaiserlich gewesen, von der guten Gräfin mit großer Hingebung gepflegt worden. Sie hat eine glückliche Hand gehabt; doch ist viel Zeit darüber hingegangen. Der Friede ist schon geschlossen gewesen, als sie noch oft in dem kleinen

Würzgärtlein hinter dem Schloß an der Seite des genesenden Greises auf und ab gewandelt ist und seinen Reden von den Kräften und Geheimnissen der Natur gelauscht hat. Manchen Wink und manches Heilmittel aus den Kräutern der Berge hat er ihr angegeben, das später ihren Kranken zugute kommen konnte. Und so ist allmählich zwischen der schönen Frau und dem alten weisen Meister eine gegenseitige dankbare Freundschaft entstanden.

Um diese Zeit ist auch der Graf, welcher seit einem Jahr in der Armee des Kaisers mit zu Feld gelegen, auf sein Schloß zurückgekehrt. Als nun die erste Freude des Wiedersehens vorüber war, glaubte der Arzt mit seinen forschenden Augen den Zug eines stillen Kummers in dem Gesicht der guten Gräfin zu erkennen; doch die Bescheidenheit des Alters hatte immer noch eine Frage darüber auf seinen Lippen zurückgehalten. Als er aber eines Tages ein Weib von den schwarzen fahrenden Leuten, die derzeit unter ihrem Herzog Michel durch das ganze Reich zogen, aus ihrer Kammer schlüpfen sah, da hat er abends beim Lustwandeln in dem Gärtlein ihre Hand genommen und ihr eindringlich zugeredet: "Ihr wißt, gnädige Gräfin, ich trage ein väterlich Herz zu Euch; so sagt mir auch, was ließet Ihr um Mittag, da Euer Herr sein Schläfchen tat, die arge Heidin in Eure Kammer?"

Die gute Gräfin erschrak; aber als sie in das milde Gesicht des Greises sah, da sprach sie: "Ich habe ein großes Leid, Meister Cyprianus, und möchte wissen, ob noch eine Zeit kommt, wo es von mir genommen wäre."

"So öffnet mir Euer Herz!" entgegnete er; "vielleicht, daß ich bessern Rat weiß als jene fahrenden Leute, die wohl den Betrug der Leichtgläubigen, aber keineswegs die Zukunft verstehen!"

Auf diese Worte hat die Gräfin dem alten Meister ihren Kummer vertraut, und wie sie durch ihre Kinderlosigkeit sogar das Herz ihres Gemahls zu verlieren fürchte.

Sie gingen währenddessen an der Umfassungsmauer des Gärtleins entlang, und Cyprianus schaute über die unten liegenden Wälder hinaus, auf die schon der rote Abendschein sich legte. "Die Sonne scheidet", sprach er; "und wenn sie morgen emporsteigt, so muß sie mich auf der Reise nach meinem Heimatland sehen. Aber ich schulde Euch Leben und Gesundheit, und so will ich denn gebeten haben, wollet eine Dankesgabe, die ich durch sichere Hand aus der Heimat an Euch senden werde, nicht verschmähen."

"So müßt Ihr wirklich fort, Meister Cyprianus?" rief die trauernde Frau. "Da wird mein liebreichster Tröster mich verlassen!"

"Klagt darüber nicht, Frau Gräfin!" entgegnete er; "die Gabe, von der ich sprach, ist ein speculum, zu deutsch ein Spiegel, unter sondrer Kreuzung der Gestirne und in der heilbringendsten Zeit des Jahres gefertigt. Wollt ihn in Eure Kammer stellen und dort nach Frauen Art gebrauchen, so dürfte er

Euch bald bessere Kunde bringen als die trügerischen Leute der Haide. — Man hält mich", setzte der Greis geheimnisvoll lächelnd hinzu, "in meiner Heimat für nicht unkundig der Dinge der Natur." Die Erzählerin unterbrach sich.—"Ihr wißt wohl, gnädige Gräfin, daß der Name Cyprianus später im ganzen Norden als eines mächtigen Zauberers bekannt geworden ist. Die Bücher, die er geschrieben, hat man nach seinem Tod in dem unterirdischen Gewölbe eines Schlosses an Ketten gelegt, weil man geglaubt hat, es seien böse, das Heil der Seele gefährdende Dinge darin enthalten. Aber die das getan, haben sich geirrt, oder sie sind selbst nicht reinen Herzens gewesen; denn—wie Cyprianus während seines Aufenthalts in diesem Haus oft gesagt haben soll—'die Kräfte der Natur sind niemals böse in gerechter Hand.'"

Aber ich will in meiner Geschichte fortfahren.—Einige Monde später, nachdem der Meister unter trostvollem Zuspruch an die beiden Ehegatten das Schloß verlassen hatte, hielt eines Tages ein Wägelchen mit einer großen Holzkiste auf dem Hof; und da der Graf und seine Gemahlin, welche in der Nachmittagsstunde müßig am Fenster standen, von Neugierde getrieben hinabgegangen waren, war ihnen von dem Fuhrmann ein auf Pergament geschriebener Brief des Cyprianus überreicht. Die Kiste aber enthielt die bei seinem Abschied verheißene Dankesgabe. "Möge"—so lautete das Schreiben—"dieser Spiegel so viele Tage der Freude eurem Leben zulegen, als er mich Stunden heiligster Arbeit gekostet hat. Wollt aber nicht vergessen, das Letzte in allen Dingen steht allezeit in der Hand des unergründlichen Gottes.—Nur eines ist zu verhüten. Niemals darf das Bild einer argen Tat in diesen Spiegel fallen; die heilsamen Kräfte, welche bei seiner Anfertigung mitgewirkt haben, würden sich sonst in ihr Widerspiel verkehren; insonders möchte den Kindern, so—das walte Gott!—euch bald umgeben werden, daraus eine tödliche Gefahr erwachsen, und nur eine Sühne, aus des Übeltäters eigenem Blut entsprossen, vermochte die Heilkraft des Spiegels wieder herzustellen. Allein die Güte eures Hauses ist so groß, daß solches nicht geschehen kann; und somit wollt in Hoffnung und Vertrauen diese Gabe aus der Hand eines dankbaren Freundes empfangen."

Und wie der Meister es gewollt, in Hoffnung und Vertrauen empfingen die Ehegatten sein Geschenk. Als die Kiste in den Flur getragen und geöffnet war, zeigte sich zuerst ein Gestell, künstlich in Bronze gearbeitet. Dann hob man den Spiegel heraus; ein hohes schmales Glas von einem wunderbar bläulichen Lichtglanz. "Ist es nicht, mein Gemahl", rief die Gräfin, die einen Blick hineingeworfen, "als liege die drinnen abgespiegelte Welt in sanftem Mondenschein?" Der Rahmen war von geschliffenem Stahl, in dessen tausenden Facetten der gefangene und gebrochene Lichtstrahl wie in farbigem Feuer blitzte.

Bald war das schöne Werk in dem Schlafgemach der Eheleute aufgestellt; und an jedem Morgen, während die Dienerin ihr das blonde Haar strählte oder die seidene Flechte in einen Knoten legte, saß die gute Gräfin mit gefalteten Händen vor dem Spiegel des Cyprianus und schaute andächtig und voll Hoffnung in ihr eigenes liebes Antlitz. Wenn aber die Frühsonne auf die Facetten des Rahmens leuchtete, dann saß das Bild der schönen Frau wie in einem Kranz von Sternenfunken. Oft nach seinem ersten Gang durch Feld und Wald trat ihr Gemahl wieder in das Schlafgemach und lehnte schweigend hinter ihrem Stuhl; und wenn sie ihn dann im Spiegel sah, so meinte sie jedes Mal, daß seine Augen weniger finster blickten.

Eine geraume Zeit war vergangen, als die Gräfin eines Morgens, da die Kammerzofe sie schon verlassen, im Vorübergehen noch einen Blick in den Spiegel tun wollte. Aber es schien ein Hauch auf dem Glas, so daß sie ihr Antlitz nicht deutlich zu sehen vermochte. Sie nahm ihr Schweißtüchlein und suchte es fortzuwischen; aber es half nicht; und sie sah nun wohl, daß es nicht ober-, sondem innerhalb des Glases war. Näherte sie sich dem Spiegel, so trat ihr Antlitz klar daraus hervor; wenn sie aber weiter zurücktrat, so schwamm es wie ein rosiger Duft zwischen ihr und ihrem Spiegelbild.—Sinnend steckte sie ihr Tüchlein ein und ging den Tag über schweigend und voll stiller Ahnung im Haus umher, so daß ihr Gemahl, der ihr im Korridor begegnete, ausrief: "Was lächelst du denn so selig, Herzensfrau?"—Sie schwieg noch immer und legte nur die Arme um seinen Hals und küßte ihn.

Tag für Tag aber, wenn ihr Gemahl und die Dienerin sie verlassen, stand sie in der Einsamkeit vor dem Spiegel des guten Meisters, und mit jedem Morgen sah sie das Rosenwölkchen deutlicher hinter dem Glas schwimmen.

So war der Mai gekommen, und von draußen aus dem Gärtlein wehte der Veilchenduft durchs offene Fenster; da trat die gute Gräfin eines Morgens wieder vor den Spiegel. Kaum hatte sie hineingeblickt, da brach ein 'Ach!' des Entzückens aus ihren Lippen, und ihre Hände fuhren nach dem Herzen; denn in der Frühlingssonne, die hell in den Spiegel leuchtete, erkannte sie deutlich ein schlummerndes Kinderantlitz, das aus dem Rosenwölkchen blickte. Mit verhaltenem Atem stand sie; sie konnte sich an dem Anblick nicht ersättigen.

Da hörte sie von draußen vor der Brücke Hörnerschall, und sie entsann sich, es müsse ihr Gemahl sein, der von der Jagd zurückkehrte. Sie schloß die Augen und blieb wartend stehen, bis er, gefolgt von seinem Hund, zu ihr ins Gemach trat. Dann umfing sie ihn mit beiden Armen, und in den Spiegel zeigend, sprach sie leise: "Dich grüßt der Erbe deines Hauses! "—Nun hatte der gute Graf auch das kleine Antlitz in dem Rosenwölkchen erkannt; aber, der Freudenblitz aus seinen Augen verschwand auf einmal, und die Gräfin sah im Spiegel, wie er erblaßte. "Siehst du es denn nicht?" flüsterte sie.

"Ich sehe es freilich, Herzensfrau", erwiderte er; "aber es erschreckt mich, daß das Kindlein weint."

Sie kehrte sich zu ihm und wiegte das Haupt. "Du törichter Mann", sprach sie, "es schlummert, es lächelt ja im Traum."

Und so blieb es mit den beiden. Er ging in Sorge; sie aber rüstete heiteren Sinnes mit ihrer Schaffnerin die Wiege nebst den Daunenkissen und den kleinen zarten Gewändern für den künftigen Erben des Hauses. Mitunter, wenn sie vor dem Spiegel stand, streckte sie wohl wie in traumhafter Sehnsucht ihre Arme nach dem Rosenwölkchen aus, aber wenn dann ihre Finger an die kalte Spiegelfläche stießen, so ließ sie die Arme wieder sinken und gedachte an ein Wort des Cyprianus: 'Es will alles seine Zeit.'

Und auch ihre Stunde kam. Das Wölkchen im Spiegel verschwand, und statt dessen lag ein rosiger Knabe auf dem weißen Leintuch ihres Bettes. Das gab große Freude im Schloß und drunten im Dorf, und als der gute Graf morgens durch seine lachenden Fluren ritt, da ließ er dem wiehernden Goldfuchs die Zügel schießen und rief es jubelnd in den Sonnenschein hinaus: "Mir ist ein Sohn geboren!"

Nachdem die Gräfin als Sechswöchnerin ihren Kirchgang gehalten, sah man sie wiederum an warmen Sommertagen in die Käthnerhäuser des Dorfes gehen; nur daß sie jetzt nicht mehr in Leid auf die Bauernkinder herabsah. Sie stand oft lange und bückte sich zu ihnen und wies sie an in ihren Spielen; und wo sie einen recht kräftigen Jungen sah, da dachte sie auch wohl: "Der Meine ist ihm doch noch über!"

Aber, wie Cyprianus geschrieben hatte, das Letzte ruht in der Hand des unerforschten Gottes.—Mit dem Herbst fiel ein böses Fieber über das Dorf; die Menschen starben; doch ehe sie starben, lagen sie verschmachtend und hilfeflehend auf ihrem Lager. Und die gute Gräfin ließ nicht auf sich warten. Mit den Arkanen des alten Meisters ging sie in die Hütten; sie saß an den Betten der Kranken und wischte, wenn es zum Sterben ging, mit ihrem Tüchlein den letzten Schweiß von ihren Stirnen. Endlich aber, da der kleine Kuno die Hälfte seines ersten Jahres erreicht hatte, schritt der Tod, dem sie so manches Leben entrissen hatte, mit ihr selber nach dem Schloß hinauf; und nachdem ihre armen Wangen im Fieber wie zwei dunkle Rosen gebrannt hatten, streckte er sie weiß und kalt auf ihrem Lager aus. Da war alle Freude ausgetan. Der Graf ritt mit gesenktem Haupt durch seine Fluren und ließ sein Roß die Wege, die es wollte, suchen. "Nun weiß ich, warum mein armes Knäblein schon vor der Geburt hat weinen müssen", so sprach er immer wieder bei sich selbst; "denn Mutterlieb ist nur einmal auf der Welt."

Einsam stand der kunstreiche Spiegel in dem Schlafgemach; und wie oft auch die Frühsonne ihre Funken auf den Stahlkranz des Rahmens streute, das Bild der guten Gräfin saß nicht mehr darin. "Trage ihn fort", sagte der Graf eines Morgens zu seinem alten Hausmeister; "das Blitzen tut meinen Augen weh!"—Der Hausmeister ließ den Spiegel in ein entlegenes Gemach des oberen Stockwerkes bringen, das derzeit zur Aufbewahrung allerlei alten Gewaffens diente; und als die Diener, die ihn hinaufgetragen, sich entfernt hatten, holte der alte Mann ein schwarzes Bahrtuch vom Begräbnis der guten Gräfin und verhing damit das Kunstwerk des Meisters Cyprianus, so daß kein Lichtstrahl fürder es berühren konnte.

Allein der Graf war noch jung; und als ein paar Jahre ins Land gegangen waren und der kräftige Knabe anfing, in den weiten Korridoren des Schlosses umherzutoben, da dachte der Graf: "Es ziemte sich, daß du deinem Sohn eine neue Mutter suchtest, die ihn aufzöge in edler Sitte, wie es sich für deinen Erben ziemt." Und weiter dachte er: "Am Hofe des Kaisers sind viel holde Frauen; es sollte schlimm kommen, so du nicht die rechte fändest." Auch eine Stimme war in seinen Ohren, die sprach: "Eine Mutter für das Kind, ein Weib für dich; denn Frauenliebe ist ein süßer Trank!"

"Und so, als wieder einmal der Mai gekommen war, wurde das Reisezeug gerüstet, und der Graf zog mit seinem Knaben, von stattlicher Dienerschaft begleitet, nach der großen Stadt Wien.

"Lange blieben sie aus, und der alte Hausmeister ging in den hohen leeren Gemächem umher und ließ die Fenster aufsperren, damit das Geräte, das einst der guten Herrin gedient, in der eingeschlossenen Luft nicht zugrunde gehe. Endlich aber, da schon die Herbstfäden über die Felder flogen, gelangten nacheinander viele Kisten mit kostbaren Teppichen, goldgepreßten Ledertapeten und allerart modischen Dingen an, wie es von dem Gesinde dort nie zuvor gesehen war, und der Hausmeister erhielt Befehl, die großen Gemächer des Erdgeschosses für die neue Herrin zu bereiten."

Die alte Erzählerin hielt einige Augenblicke inne; denn der kleine Kranke hatte im Schlaf das Deckbett abgestoßen. Dann aber, als sie ihn sorgfältig wieder zugedeckt, und da der Knabe fort schlief, begann sie wieder:

"Ihr kennt sie, gnädige Gräfin; das lebensgroße Frauenbild, das im Rittersaal oben neben dem Kamin hängt, soll ihr ähnliches Konterfei sein. Es ist ein Füchschen mit goldrötlichem Haar, wie sie den Männern, besonders den älteren, so gefährlich sind. Ich habe sie mir oft drauf angesehen; wie sie den Kopf so leicht zurückwirft, und wie der Mund so süß und hinterhältig lächelt und das goldfarbige Haar in freien Liebeslocken über den weißen Nacken weht, da hätte vielleicht auch ein kühleres Blut als das des guten Grafen nicht zu widerstehen vermocht.—Ich will nur das noch sagen, sie ist eine junge Wittib gewesen; und soll ein Kind aus dieser ersten Ehe, ein Töchterlein, bei den Verwandten ihres verstorbenen Gemahls in der Kaiserstadt zurückgelassen haben. So viel ist gewiß, auf das Schloß hier ist diese Tochter nie gekommen."

Nun aber! Endlich rasselten die Wagen in den Schloßhof; und das versammelte Gesinde sah staunend zu, wie der Graf und eine fremdredende Kammerjungfer der Dame aus dem Wagen halfen. Und als sie nun in ihrem mandelfarbenen Seidenkleid mit leichtem Kopfneigen die Treppe emporschritt, da hörte ihr feines Ohr manch leis geraumtes Wort über die Schönheit der neuen Herrin.

Erst als die Dame in der Tür verschwunden war, kam aus dem nachfolgenden Gesindewagen der kleine Kuno hervorgeklettert. "Ei, Junker", rief eine rotwangige Magd ihm zu, "habt Ihr eine schöne Mutter jetzt!" Aber der Knabe runzelte die Stirn und sagte trotzig: "Es ist nicht meine Mutter!" Und der alte Hausmeister, der eben von der Begleitung der Herrschaft zurückkam, sagte finster zu der Dirne: "Siehst du denn nicht, daß das der Sohn der guten Gräfin ist!" Und dem Knaben zärtlich in die blauen Augen sehend, nahm er ihn auf seinen Arm und trug ihn in sein väterliches Haus.

Dort wartete denn von nun an die fremde Frau. Das Gesinde pries ihre Leutseligkeit, und die Armen im Dorf meinten bald, sie habe eine noch freigebigere Hand als die Verstorbene; nur auf die Kinder sehe sie gar nicht, und auch seine Not könne man ihr so nicht klagen wie einst der guten Gräfin.—Während sie aber die meisten der Schloßbewohner mit ihrer Schönheit bestrickte, hatte der Hausmeister nur kalte Blicke für sie; es mißfiel ihm, daß sie auch an Werktagen, wie er sagte, 'geschmückt wie eine Jesabel' einherging. Er traute den Liebkosungen nicht, womit sie zuweilen in seiner und des Grafen Gegenwart den kleinen Kuno überschüttete. Und auch den Knaben selbst gewann sie nicht damit; er hatte für sie nichts als ein schweigendes Anstarren; und wenn ihre Arme und Augen ihn losließen, so rannte er hinaus ins Freie, holte seine kleine Armbrust und schoß nach einem Holzvogel, den der Hausmeister ihm geschnitzt hatte; oder er saß abends in der Stube seines alten Freundes und bilderte in einem großen Buch von den Freuden des edlen Waidwerks.—Der gute Graf aber sah nichts als die Schönheit seines Weibes. Wenn er in das Zimmer und ihr entgegen trat, so stand sie lächelnd, bis er sie umfing; hatte sie der Tür den schönen Nacken zugewandt, so hob sie wohl das Handspieglein, das ihr an goldner Kette vom Gürtel herabhing, aus den Falten ihres Seidenrockes und nickte dem Eintretenden daraus entgegen.

Als aber das Frühjahr wiederkam, da befiel den Knaben ein Fieber, das er sich im feuchten Moose des Waldes geholt hatte, und er lag in unruhigem Krankenschlummer in seinen Kissen. Neben dem Bett stand der Stuhl der guten Gräfin mit der geschnitzten Lehne und dem blauen Samtpolster, auf dem sie so oft vor dem Spiegel des Meisters Cyprianus gesessen hatte, einst als in der Frühlingsluft die Veilchendüfte zu ihr ins offene Fenster wehten. Jetzt blühten draußen wieder einmal die Veilchen; aber der Stuhl stand leer. Die schöne Stiefmutter war zwar auch zugegen und saß neben dem Grafen zu Füßen des kleinen Bettes; denn sie sah es wohl, wie der Vater um sein Kind sorgte, und wollte es an sich nicht fehlen lassen. Da rief der Knabe aus seinem Fieber: 'Mutter, Mutter!' und hob sich mit offenen Augen aus seinen Kissen. 'Hörst du, mein Gemahl!' sagte die schöne Frau, 'unser Sohn verlangt nach mir!' Als sie aber auf stand und sich zu ihm neigte, da streckte das Kind an ihr vorbei seine Arme nach dem leeren Stuhl der guten Gräfin.

Der Graf erblaßte, und von dem Leid plötzlicher Erinnerung bezwungen, fiel er neben dem Bett seines Sohnes in die Knie. Die stolze Frau trat zurück, und indem sie heimlich die kleine Faust um ihren Gürtel ballte, verließ sie das Gemach, um es nicht wieder zu betreten. Doch der Knabe wurde gesund auch ohne ihre Pflege.

Bald darauf, als draußen die Rosenknospen ausschlugen, genaß die Gräfin eines Söhnleins. Der Graf aber wußte nicht, weshalb es ihm so schwer aufs Herz fiel, als der kleine Kuno ihm mit dieser Nachricht entgegensprang. Zwar ließ er auch jetzt sein Roß aus dem Stall führen, um mit seinen Gedanken in die Heide hinaus zu reiten; aber nicht, um sie jubelnd über Flur und See zu rufen. Als er eben im Bügel saß, hob der alte Hausmeister den kleinen Kuno zu ihm auf den Sattel und sagte: 'Vergeßt den Sohn der guten Gräfin nicht!' Der Vater schloß die Arme um sein Kind und ritt mit ihm Berg auf und ab, bis die Sonne hinabgesunken war; als sie aber bei der Heimkehr unter den Fenstem der Kapelle vorüber ritten, in der die gräflichen Grabgewölbe waren, da ließ er sein Roß langsamer gehen und raunte in das Ohr des Knaben: 'Vergiß ihrer nicht; denn Mutterliebe ist nur einmal der auf Welt!'—Als bei seinem Eintritt in das Zimmer der Wöchnerin die Wartefrau den Neugeborenen in seine Arme legte, überfiel ihn aufs neue das Heimweh nach der Toten, und er wußte es plötzlich, daß sie doch allein die Frau seines Herzens gewesen war; der Knabe, obwohl sein eigen Blut, war ihm wie fremd, weil er nicht auch aus ihrem Blut war.—Die Augen der Gräfin, welche bald schöner als je aus ihren Wochen erstanden war, übten fürder keinen Zauber mehr auf ihn. Einsam ritt er durch die Felder; ein Wort des Meisters Cyprianus stand wie in dunkler Schrift vor seinen Augen: 'Rückwärts zu leben ist auch durch Gottes Hilfe nicht vergönnt!'

Indessen wuchsen die beiden Knaben zusammen auf, und bald zeigte sich eine große Liebe zwischen ihnen. Als der kleine Wolf erst mit ins Freie konnte, wurde Kuno sein Lehrer in allen Künsten, die von den Knaben geübt werden. Er ließ ihn über Felsen und auf Bäume klettern, er schnitzte ihm die Bolzen für seine kleine Armbrust und schoß mit ihm nach der Scheibe oder wohl gar nach dem unerreichbaren Raubvogel, der über ihnen im Sonnenglanz revierte.

So war wieder einmal der Winter herangekommen, als eines abends ein Mann in der Uniform eines kaiserlichen Feldobristen mit seinem Diener in den

Schloßhof geritten kam.—Hager hat er geheißen, und ein hagerer knochiger Mann soll es gewesen sein, mit eckiger Stirn und kleinen grimmigen Augen; der struppige strohgelbe Bart—so heißt es—habe ihm wie Strahlen vom Kinn und von den Nasenflügeln abgestanden. Er nannte sich einen Vetter von dem ersten Gemahl der Gräfin und war, wie er sagte, nur auf Besuch gekommen; aber er blieb von einer Woche in die andere und wurde allmählich als ein ständiger Hausgenosse angesehen.—Der Graf hatte sich anfänglich um den Besuch gar nicht gekümmert; aber der Obrist zeigte sich bald als einen Meister des edlen Waidwerks, und als der erste Schnee gefallen war, zogen die beiden Männer zusammen in das Tannendickicht, und von nun an hörte man fast täglich das Toben der Rüden und das 'Ho Ridoh' der Jäger durch den stillen Wald. Da eines Nachmittags bei einer Sauhatz tönte das Hifthorn des Obristen aus einem entlegenen Talgrund, wohin er ohne Gefolge mit dem Grafen sich verloren hatte; und als der Rüdenmann und die Jäger, dem Ruf folgend, dort zusammentrafen, sahen sie das Wildschein verendet zwischen den Tannen liegen; daneben aber lag auch der Graf in seinem Blut. Der Obrist stand auf seinen Jagdspeer gelehnt, das Hifthorn in der Hand. 'Eure Saufedern taugen nichts', sagte er kurz, 'der Keiler hat sie abgeschlagen'; und als alle von Schreck gelähmt dastanden, blitzte er sie mit seinen kleinen grimmen Augen an: 'Was steht ihr noch! Brecht Zweige zu einer Bahre und tragt euren Herrn ins Schloß!' Und die Leute taten, wie er befohlen hatte.

Der Graf aber ist nicht wieder mit dem Oberst auf die Jagd gezogen. Denn als der alte Hausmeister den Reitknecht nach einem Arzt entsenden wollte, damit die Wunde untersucht würde, erhielt er den Bescheid, der Arzt sei nimmer nötig, der Graf sei schon verschieden.

Und bald ruhte er im Grabgewölbe bei seiner guten Gräfin, und der kleine Kuno war ein vater- und mutterloses Kind. Der Obrist aber blieb nach wie vor im Schlosse, und die Gräfin duldete es, daß unmerklich ein Stück des Hausregiments nach dem andern in seine Hand ging. Das Gesinde murrte zwar, wenn er sie mit seiner scharfen Stimme anherrschte; aber sie wagten es gleichwohl nicht, sich dem grimmen Manne zu widersetzen.—Auch mit den beiden Knaben machte er sich zu schaffen. Eines Morgens, als Kuno in den Stall hinabkam, stand neben dem Rappen des Obersten ein kleines schwarzes Nordlandsroß mit roter goldgestickter Schabracke. 'Das ist dein eigen', sagte der Oberst, der mit hineingetreten war, 'klettere hinauf, so zeig ich dir, wie ein Mann zu Pferde sitzen muß.' Bald sorgte er, daß auch der kleine Wolf ein Roß bekam, und nun lehrte er die beiden Reiten nach den Regeln der Kunst. Nicht lange, so sah man den hagern Obristen auf seinem hochbeinigen Rappen zwischen den beiden Knaben auf ihren kleinen Nordlandsrossen über die Felder reiten. Aber seltsame Reden waren es, die er dabei mit ihnen führte. Wenn sie, wie es bei Kindern geschieht, einmal in Zank gerieten, so bückte er sich von seinem hohen Rappen und flüsterte dem ältem zu: 'Du bist der Herr; vom Hof kannst du den Burschen jagen!' und darauf zu dem jüngern nach der andern Seite: 'Er will's dir zeigen, daß du auf seinem Grund und Boden reitest!' Aber dergleichen Worte bewirkten nur, daß die Knaben sogleich von ihrem Streite abließen, ja wohl gar von ihren Rossen sprangen und sich weinend in die Arme fielen.

Der Obrist sah scharf; er hatte es wohl bemerkt, wie die Augen der schönen Gräfin, wenn sie den Stiefsohn mit ihrem eignen aus der Tür gehen sah, von plötzlicher Finsternis befallen wurden, und wie dann ihre Blicke dem Fortgehenden hastig und feindselig nachjagten.

An einem sonnigen Nachmittage stand er mit ihr in dem Würzgärtlein, wo einst die gute Gräfin der Weisheit des Meisters Cyprianus gelauscht hatte. Als die stolze Frau über die Ringmauer auf die unten liegenden Wälder und Auen hinaussah, sagte er lauernd: 'Der Kuno tritt eine schöne Herrschaft an, wenn er zu seinen eigenen Jahren kommt.' Und als sie schwieg und nur mit finstern Augen in die Ferne starrte, setzte er hinzu: 'Euer Wolf ist ein zartes Pflänzlein; aber der Kuno scheint fürs Regiment geboren; langlebig und handfest schaut er aus.'

In diesem Augenblicke kamen auf der Wiese, die in der Tiefe unterhalb des Gärtleins lag, die beiden Knaben auf ihren Rossen dahergeflogen. Sie ritten so dicht nebeneinander, daß die braunen Locken Kunos mit den blonden des kleinen Wolf zusammenwehten. Das Roß des letztern schüttelte die Mähne und wieherte laut in den Sonnenschein hinaus. Da erschrak die Mutter und stieß einen Schrei aus; aber Kuno schlang den Arm um seinen Bruder, und indem sie vorübertrabten, warf er einen stolzen leuchtenden Blick zu den Obenstehenden hinauf.

"Wie gefallen Euch diese Augen, schöne Gräfin?" fragte der Oberst.

Sie stutzte und streifte mit einem unsichern Blick über ihn hin.

"Wie meint Ihr das?" flüsterte sie dann.

Er aber, die Hand am Kinn, erwiderte ebenso: "Rechnet auf mich, schöne Frau; der Oberst Hager ist Euer treuergebener Knecht."

Da raunte sie, und er sah, wie ihr Antlitz totenbleich wurde: "Die Augen würden mir besser noch gefallen, wenn sie geschlossen wären."

"Und was gäbt Ihr drum, wenn Ihr sie in solcher Schönheit erblicken könntet?"

Sie legte einen Augenblick ihre weiße Hand in die seine; dann warf sie die glänzenden Locken zurück und schritt, ohne sich umzublicken, aus dem Gärtlein.

Als eine Stunde später der kleine Kuno durch die Korridore des obem Stockwerks streifte, sah er den Obristen in einer Fensternische stehen. Der Knabe wollte vorüber; denn der Mann schaute so unheimlich drein. Aber
er wurde angerufen: "Wohin rennst du, Junge?"

"Nach der alten Rüstkammer", sagte Kuno, "ich wollte meine Armbrust holen."

"So gehe ich mit dir." Und der Oberst schritt neben dem Knaben her bis zu dem entlegenen Gemache, wo noch immer mit dem schweren Bahrtuch verhangen unter allerlei Gewaffen der Spiegel des Cyprianus stand. Als sie eingetreten waren, schob der Oberst den Eisenriegel vor und stellte sich mit dem Rücken gegen die Tür. Da aber der Knabe die wilden Augen des Mannes sah, schrie er: "Hager, Hager, du willst mich töten!"

"Du kannst nicht übel raten", sagte der Oberst und griff nach ihm. Aber der Knabe sprang unter seinen Händen fort und riß seine gespannte Armbrust von der Wand, die er tags vorher dorthin gehangen hatte. Er schoß, und den Eindruck seines Bolzens könnt Ihr noch heutzutage in dem schwarzen Eichengetäfel sehen; aber den Obristen traf er nicht.

Da warf er sich in die Knie und rief: "Laß mich leben; ich schenke dir mein kleines Nordlandsroß und auch das schöne rote Sattelzeug!"

Der finstere Mann stand mit untergeschlagenen Armen vor ihm. "Dein Nordlandsroß", erwiderte er, "läuft mir noch lange nicht schnell genug."

"Lieber Hager, laß mich leben!" rief der Knabe wieder; "wenn ich groß bin, will ich dir mein Schloß geben und alle schönen Wälder, die dazu gehören!"

"Die will ich bälder noch bekommen", sagte der Oberst.

Da senkte der Knabe das Haupt und rief: "So ergebe ich mich in die Allbarmherzigkeit Gottes!"

"Das war das rechte Wort!" sagte der böse Mann. Aber der Knabe sprang noch einmal auf und flog an den Wänden des Gemaches entlang; der Oberst jagte ihn wie ein Wildpret. Als sie aber an den verhangenen Spiegel kamen, verwickelte der Knabe seine Füße in dem Bahrtuch, daß er jählings zu Boden stürzte. Da war auch der böse Mann über ihm.-In demselben Augenblick—so wird erzählt—als dieser zum Faustschlage ausholte und der Knabe die kleinen Hände schützend über seinem Herzen kreuzte, stand der alte Hausmeister tief unten im hintersten Verschlage des Kellers, wo ein Knecht mit der Abzapfung eines Fasses Ingelheimer beschäftigt war. "Hast du nichts gehört, Casper?" rief er und setzte das Lämpchen, das er in der Hand gehalten, auf das Faß.

Der Knecht schüttelte den Kopf. "Mir war", sagte der Alte, "als hörte ich den Junker Kuno meinen Namen rufen."

"Ihr irrt Euch, Meister", erwiderte der Knecht; "hier unten hört sich nichts!"

Eine Weile stand es an; da rief der Alte wieder: "Um Gott, Casper, da hat es nochmals mich gerufen; das war ein Notschrei aus meines Junkers Kehle!"

Der Knecht fuhr in seiner Arbeit fort. "Ich höre nur den roten Wein vom Fasse rinnen", sagte er.

Der Alte aber ließ sich nicht beruhigen; er stieg in das Schloß hinauf; er ging von Tür zu Tür, erst in dem Erdgeschoß und dann droben in dem oberen Stockwerk. Als er die Tür der entlegenen Rüstkammer öffnete, da leuchtete ihm der Spiegel des Cyprianus entgegen, auf den die Abendsonne schien. "Wessen ruchlose Hand hat denn das herabgerissen?" murrte der Alte; als er aber das Bahrtuch vom Boden hob, sah er darunter den Leichnam des Knaben und sah die dunkeln Locken über den geschlossenen Augenlidern liegen.

Der alte Mann stürzte in die Kniee und warf sich jammernd über ihn. Er löste die Kleider und suchte an dem Körper seines Lieblings nach der Spur des Todes. Aber er fand nichts als nur über dem Herzen einen dunkelroten Flecken. Lange blieb er noch finster und grübelnd auf den Knien liegen. Dann hüllte er den Knaben in das Bahrtuch, nahm ihn auf seine Arme und trug ihn in das Erdgeschoß hinab nach dem Zimmer der Gräfin. Als er eintrat, sah er die stolze Frau todbleich und zitternd vor dem Obersten stehen, der, wie es schien, halb mit Gewalt ihre Hand erfaßt hielt.

Da legte der Alte den Leichnam zwischen die beiden auf den Boden, und fest die Augen auf sie heftend, sprach er: "Der Erbherr Graf Kuno ist tot; Euer Söhnlein, Frau Gräfin, ist jetzt der Erbe dieser Herrschaft."

Es mochte ein Monat nach dem Begräbnis des jungen Erbherrn sein, da lehnte die Gräfin eines Nachmittags an dem Geländer eines kleinen Söllers, der über der Tiefe schwebend von ihrem Zimmer den Austritt in die freie Luft gestattete. Der kleine Wolf stand neben ihr und betrachtete eine Schar von Vögeln, welche in den Wipfeln der von unten heraufragenden Föhren und Eichen mit lautem Geschrei ihr Wesen trieben.

"Sieh nur!" sagte die Gräfin. "Sie beschreien den Kauz; dort sitzt er neben dem Astloch in der Eiche." Und sie wies mit dem Finger vor sich hin.

Des Knaben Augen folgten mit Begierde. "Ich seh ihn schon, Mutter", sagte er; "das ist der Totenvogel; er schrie vor meinem Fenster, als der arme Kuno starb."

"Hol deine Armbrust und schieß ihn!" sagte die Mutter.

Der Knabe sprang aus dem Zimmer, die Treppen hinab und in den Stall. Dort lag die Armbrust neben seinem kleinen Roß. Aber die Sehne war zerrissen; er hatte sie lange nicht gebraucht; denn Kuno war nicht mehr da, der ihm die Bolzen schnitzte und den Holzvogel auf die Stange steckte.—Da lief er in das Schloß zurück. Er entsann sich, daß der Bruder seine Armbrust oben in der Rüstkammer aufzuhängen pflegte. Als er dort in dem entlegenen Teile des Schlosses angekommen war und sich mit Mühe durch die schwere Eichentür gedrängt hatte, leuchtete ihm der Spiegel des Cyprianus mit seinem bläulichen Schein entgegen. Die Stahlfacetten des Rahmens blitzten im letzten Strahl der Abendsonne. Der Knabe hatte das noch nie gesehen; denn wenn er auch einmal mit dem Bruder hierher gekommen, so war doch das Kunstwerk stets mit dem schweren Bahrtuch verhangen gewesen. Jetzt stand er davor und besah staunend sein eigenes Bild in diesem Glanze; er schien die Armbrust ganz vergessen zu haben.—Es mußte indessen außer ihm selbst noch etwas in dem Spiegel sein, das seinen ganzen Sinn gefangen nahm; denn er kniete nieder und legte die Stirn an das Glas, um so nahe als möglich hineinzuschauen.

Plötzlich aber griff er mit beiden Händen nach dem Herzen. Dann sprang er mit einem Wehschrei in die Höhe. "Hilfe!" schrie er, "Hilfe!" und noch einmal mit durchdringendem Zeter: "Hilfe!" Da hörte es die Mutter unten auf dem Söller; und in Todesangst irrte sie von Gang zu Gang, von Tür zu Tür. "Wolf! Wo bist du, Wolf?" rief sie; "so gib doch Antwort!" Und endlich kam sie in die rechte Tür. Da lag ihr Kind, sich im Todeskampfe auf dem Boden windend.

Sie warf sich über ihn. "Wolf! Wolf! Was ist geschehen?"

Der Knabe regte die verblaßten Lippen. "Es hat mir einen Schlag aufs Herz getan", stammelte er.

"Wer, wer tat es?" flüsterte die Mutter. "Wolf, sprich nur ein einziges Wort noch; wer hat das getan?"

Der Knabe wies mit erhobenem Finger in den Spiegel.—Und das sterbende Kind in ihren Armen haltend, blickte sie vorgebeugt in das Glas des Cyprianus. Aber während des Schauens trat das Entsetzen in ihr Angesicht, und ihr lichtblaues Auge wurde steinern wie ein Diamant. Denn bei dem Abendschein, der durch die trüben Fenster brach, sah sie im tiefsten Grunde wie zusammengeballten Nebel die Gestalt eines Kindes; wie trauernd kauerte es am Boden und schien zu schlafen. Sie warf einen scheuen Blick hinter sich in das Zimmer; aber dort lag nur die Dämmerung in den Winkeln. Wieder, als ob es sie bannte, blickte sie mit gespannten Augen in den Spiegel, und noch immer war es dort.—Da fühlte sie den Kopf des kleinen Wolf ihren Armen entgleiten, und in demselben Augenblicke sah sie einen leichten Rauch gegen das Spiegelglas ziehen. Wie ein Hauch lief es darüber hin. Dann wurde das Glas wieder klar; aber hinter demselben zog es wie ein graues Wölkchen in die Tiefe; und jetzt plötzlich sah sie dort im Grunde des Spiegels zwei kleine Nebelgestalten, die sich umschlungen hielten.

Mit einem Schrei sprang die Gräfin empor; ihr Sohn lag regungslos mit wachsbleichem Antlitz; die offenstehenden blauen Lippen verkündeten den Tod.—Sie riß das seidene Wams von seiner Brust; da sah sie den dunkelroten Fleck auf seinem Herzen, den sie kurz zuvor auf der Brust des kleinen Kuno gesehen hatte. "Hager, Hager!" schrie sie—denn das Geheimnis des Spiegels war ihr unbekannt—"das ist deine Faust! Der war dir auch im Wege; aber noch bist du nicht der Herr im Schloß; und ich schwör's, du sollst es nimmer werden!"

Sie ging hinab; sie suchte ihn; aber der Oberst war eben zur Jagd auf ein benachbartes Schloß geritten und hatte auf den morgenden Tag seine Rückkunft angesagt.

Der plötzliche Tod auch des letzten Grafensohnes verbreitete einen dumpfen Schrecken unter dem Gesinde. Auf Treppen und Gängen standen sie und raunten miteinander, und wenn die Gräfin nahte, stahlen sie sich scheu von dannen. Es wurde Nacht. Der Leichnam des kleinen Wolf war hinabgetragen und lag ausgestreckt auf seinem Bettchen in der Kammer. Aber der Gräfin ließ es bei dem Toten keine Ruh. Im hellen Mondenschein, während alles schlief, stieg sie hinauf nach der Rüstkammer. Dort stand sie vor dem Spiegel, der in blauem Schimmer leuchtete, blickte mit starren Augen hinein und wand die Hände umeinander. Dann wieder, als jage sie ein plötzliches Grausen, stürzte sie aus dem Gemach und rannte durch die Gänge, bis sie die Tür ihres Schlafgemachs erreicht und hinter sich ins Schloß geworfen hatte.—So verging die Nacht.

Als am andern Morgen der Hausmeister in das Zimmer der Gräfin treten wollte, hörte er hart und heftig drinnen reden. Er erkannte die Stimme des Obristen, der eben zurückgekehrt war; und bald antwortete die Gräfin in gleicher Weise. Es waren Worte tödlichen Hasses, die der Alte hörte. Kopfschüttelnd trat er von der Tür zurück. "Das sind die Gerichte Gottes!" sprach er und stieg ein paar Treppen höher nach der Platte des runden Turmes hinauf; denn ihm war, als müsse er Gottes freie Luft schöpfen.

Er lehnte sich über die Brüstung und blickte in den sonnigen Morgen hinaus. "Wie schön die Wälder grünen!" sprach er vor sich hin. "Und sie sind alle tot! Die gute Gräfin und der Graf, mein Junker Kuno und nun auch der kleine Wolf!"—Da hörte er unten auf dem Hofe ein Pferd aus dem Stalle ziehen; nicht lange darauf, so donnerte der Galoppschlag über die Zugbrücke; dann weniger hörbar draußen auf dem Wege, und drüberhin aus den Kronen der alten Eichen, die zur Seite standen, flogen die Raben krächzend in die Luft.

In demselben Augenblicke kam von unten herauf ein Geschrei der Weiber; und als der Alte hinabgestiegen war, drang es von allen Seiten auf ihn ein, die Gräfin liege erschlagen in ihrem Blute.—"Wo ist der Oberst?" fragte der Hausmeister. "Fort ist er!" rief der Reitknecht, der vom Hofe heraufkam, "mitsamt seinem hochbeinigen Rappen."

Rasch wurde die Verfolgung von dem Alten angeordnet; aber am andern Morgen kamen alle auf schaumbedeckten Rossen unverrichteter Sache wieder heim. —"So laßt uns denn die Toten begraben", sprach er, "und einen Boten senden an den neuen Herrn dieser schönen Güter!"

"Und so geschah es", schloß die Erzählerin ihren Bericht—"die Herrschaft kam an einen Vorfahren Eures Gemahls, welcher der Nächste war dem Blute nach. Der alte Hausmeister soll noch lange nach seinem Antritt dort unten in dem Torhäuschen gewohnt haben, ein treuer Wächter an der Gruft seiner geliebten Herrschaft."

"Das ist eine entsetzliche Geschichte!" sagte die Gräfin, als die Amme schwieg. "Aber hast du nicht gehört, wie der erste Gemahl jener unglücklichen Frau geheißen hat?"

"Freilich", erwiderte die Alte, "ihr Witwenname steht auf dem Rahmen des Bildes." Und hierauf nannte sie eines der ersten Adelsgeschlechter.

"Seltsam!" sagte die Gräfin, "so ist sie meine Urahne!"

Die Alte schüttelte den Kopf. "Unmöglich", sagte sie, "Ihr, Frau Gräfin, aus dem Blut jener bösen Frau?"

"Es ist völlig gewiß, Amme; jene Tochter, die in Wien zurückblieb, wurde die Frau eines meiner Vorfahren."—Das Gespräch wurde durch den Eintritt des Arztes unterbrochen. Der Knabe lag nach wie vor in todähnlichem Schlummer und erwachte auch nicht, als die Hand des Arztes an seinen kleinen Gliedern nach der Spur des Lebens forschte.

"Nicht wahr, er wird genesen?" sagte die Gräfin, indem sie angstvoll in das verschlossene Gesicht des Arztes blickte.

"Die Frage ist zu viel für einen Menschen", erwiderte dieser; "aber Frau Gräfin müssen schlafen; das ist ganz notwendig." Und als sie Gegenvorstellungen machte, fuhr er fort: "Es wird sich bis morgen mit dem Kranken nichts ereignen, ich hafte dafür; die Amme kann die Krankenwache halten."

Endlich war sie überredet und begab sich in ihr Schlafgemach, da der Arzt erklärt hatte, das Haus nicht verlassen zu wollen, bis er dessen gewiß sei.

Als die Alte mit diesem allein war, fragte sie: "Seid Ihr dessen sicher, daß Frau Gräfin ruhig schlafen mag?"

"Für die angegebene Zeit, ja.

"Und dann, Herr Doktor?"

"Dann, wenn Eure Herrschaft geschlafen hat, so mögt Ihr sie vorbereiten; denn der Knabe muß sterben."

Die Alte blickte mit festen Augen auf den Arzt. "Ist das ganz gewiß?" fragte sie.

"Ganz gewiß, Amme; es müßte denn ein Wunder geschehen. "-Der Arzt hatte
sich entfernt, und statt der Gräfin teilte jetzt eine junge Magd die Krankenwache mit der Alten. Diese stützte den Kopf auf den Rand des Bettes und betrachtete das bleiche Antlitz des kleinen Kuno, in das der Tod schon seine scharfen Züge grub. "Ein Wunder!" murmelte sie ein paar Mal; "ein Wunder!"

Da regte der Knabe sich auf seinem Kissen. "Ich will mit den Kindern spielen!" flüsterte er.

Die Alte riß die Augen auf. "Mit was für Kindern?" fragte sie leise.

Und der Knabe sagte ebenso im Schlaf: "Mit den Spiegelkindern, Amme!"

Sie schrie fast auf. "Unglückskind, so hast du in den Spiegel des Cyprianus gesehen!—Aber der soll ja in der Sakristei stehen; und die Sakristei ist ja vermauert!" Sie sann einen Augenblick; dann sagte sie zu dem Mädchen: "Hol mir den Vincenz, Ursel!"

Vincenz, der Reitknecht, kam.—"Bist du neulich bei dem Bau in der Kapelle gewesen?" fragte die Alte.

"Ich bin jeden Tag dort."

"Ist die Sakristei auch eingerissen?"

"Das geschah schon vor vierzehn Tagen."

"Hast du einen Spiegel dort gesehen?"

Er besann sich. "Nun freilich, es steht dort einer im Winkel; der Rahmen scheint von Stahl; aber der Rost hat ihn zerfressen."

Die Alte gab ihm einen großen Teppich. "Verhänge den Spiegel sorgsam!" sagte sie; "dann laß ihn hierher ins Ziinmer tragen. Aber leise, damit der Knabe nicht erwacht."

Vincenz ging; und bald wurde von ihm und einem Arbeiter ein hohes, mit dem
Teppich verhangenes Gerät in das Zimmer getragen.

"Ist das der Spiegel, Vincenz?" fragte die Amme; und als er es bejaht hatte, fuhr sie fort: "Stellt ihn zu Füßen des Bettes, so daß der kleine Kuno hineinblicken kann, sobald der Teppich fortgenommen ist."

Nachdem der Spiegel aufgestellt war und die Träger sich entfernt hatten, setzte die Alte sich wieder an die Seite des Bettes. "Ein Wunder muß geschehen!" sprach sie vor sich hin. Dann saß sie mit geschlossenen Augen wie ein steinern Bild; unsichtbar aber kämpften in ihr Furcht und Hoffnung. Sie harrte auf die Rückkunft der Gräfin; aber wie lang mußte sie noch warten, bis der Schlaf die ganz verwachte Frau verlassen haben würde.

Da tat sich die Tür auf, und die Gräfin trat herein. "Es hat mich nicht schlafen lassen, Amme", sagte sie; "verzeih es mir! Du bist so treu und gut, und verständiger wohl als ich; und doch ist mir, ich dürfte das Bett des Kindes nicht verlassen."

Die alte Frau antwortete nicht darauf. "Sagt mir noch einmal, Frau Gräfin", sagte sie, und das Herz schlug ihr so gewaltig, daß sie die Worte kaum herausbrachte, "seid Ihr dessen ganz gewiß, daß jene böse Frau Eure Urahne gewesen ist?"

"Ich bin dessen ganz gewiß. Aber weshalb fragst du, Amme?"

Die Alte stand auf; und mit fester Hand riß sie den Teppich von dem Spiegel.

Die Gräfin schrie laut auf. "Mein Kind, mein Kind! Das ist der Spiegel des Cyprianus!"—Als sie aber einen Blick in den sanften Schein des Glases geworfen hatte, so sah sie darin den kleinen Kuno mit offenen Augen auf seinem Kissen liegen; sie sah ihn lächeln, und wie ein Hauch flog das Rot der Gesundheit auf seine Wangen. Sie wandte sich um; da saß er schon aufrecht, frisch und blühend.

"Die Kinder, die Kinder!" rief er mit heller, klingender Stimme und streckte die Anne nach dem Spiegel aus.

"Wo sind sie?" fragte die Gräfin.

"Dort, dort!" rief die Alte. "Seht nur, sie lächeln, sie nicken, ach' und sie haben Flügel; zwei Englein sind es!"

"Was sprecht Ihr?" sagte die Gräfin; "ich sehe sie ja nicht."

"Dort, dort!" rief wieder der kleine Kuno.—"Ach!" setzte er traurig hinzu, "nun sind sie fortgeflogen."

Da sank die alte Amme auf den Stuhl zurück. "Unser Kuno ist gerettet!" rief sie und brach in lautes Schluchzen aus. "Eure Liebe hat das getan und hat den Fluch hinweggenommen von dem Werk des alten Meisters!"

Die Gräfin aber stand und blickte selig lächelnd in den Spiegel. Auf seiner Fläche schwamm wie Duft ein Rosenwölkchen, und deutlich schimmerte ein schlummerndes Kinderantlitz daraus hervor. "Wolf soll es heißen, wenn's ein Knabe ist; Wolf und Kuno!" flüsterte sie leise. "Und laß uns beten, Amme, daß sie glücklicher werden als die, so einstens ihre Namen trugen!"

Booksophile

Your Local Online Bookstore

Buy Books Online from

www.Booksophile.com

Explore our collection of books written in various languages and uncommon topics from different parts of the world, including history, art and culture, poems, autobiography and bibliographies, cooking, action & adventure, world war, fiction, science, and law.

Add to your bookshelf or gift to another lover of books - first editions of some of the most celebrated books ever published. From classic literature to bestsellers, you will find many first editions that were presumed to be out-of-print.

Free shipping globally for orders worth US$ 100.00.

Use code "Shop_10" to avail additional 10% on first order.

Visit today

www.booksophile.com

9 789356 903289

Printed at Repro India Ltd.